U0148465

悲欣交錯黃葉中

— 董作賓與李霖燦的師生之情

李 在 中 編著

文 學 叢 刊

文史哲出版社印行

國家圖書館出版品預行編目資料

悲欣交錯黃葉中：董作賓與李霖燦的師生之
情 / 李在中編著. -- 初版 -- 臺北市：文史
哲, 民 102.11
　　頁；　　公分（文學叢刊；306）
　　ISBN 978-986-314-153-2（平裝）

855　　　　　　　　　　　　　102023849

文 學 叢 刊 306

悲欣交錯黃葉中

── 董作賓與李霖燦的師生之情

編 著 者：李　　　　在　　　　中
出 版 者：文 史 哲 出 版 社
　　　　　http://www.lapen.com.tw
　　　　　e-mail：lapen@ms74.hinet.net
登記證字號：行政院新聞局版臺業字五三三七號
發 行 人：彭　　　　正　　　　雄
發 行 所：文 史 哲 出 版 社
印 刷 者：文 史 哲 出 版 社
　　　　　臺北市羅斯福路一段七十二巷四號
　　　　　郵政劃撥帳號：一六一八○一七五
　　　　　電話 886-2-23511028 ・傳真 886-2-23965656

定價新臺幣二二○元

中華民國一○二年（2013）十一月初版

著財權所有・侵權者必究
ISBN 978-986-314-153-2　　　09306

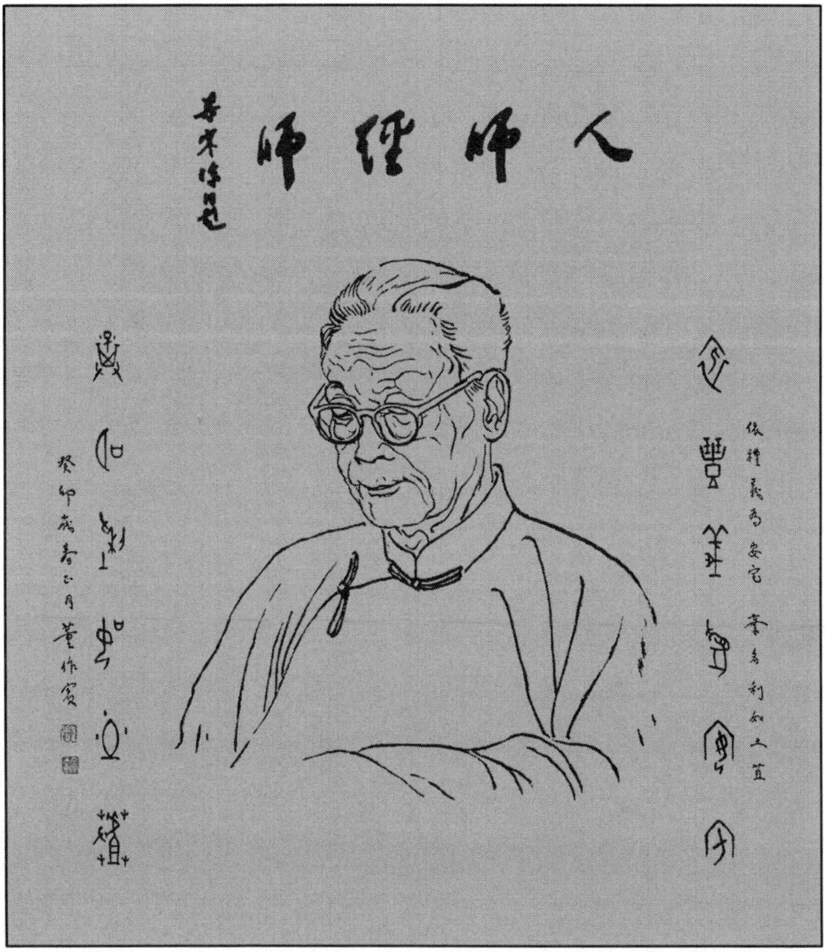
人師經師
癸卯歲春正月 董作賓

悲欣交錯黃葉中

── 董作賓與李霖燦的師生之情

目　　次

人師與經師

── 從李霖燦先生日記中的董作賓先生
言行談人師與經師

　　家父李霖燦先生生前與董作賓先生相識廿四載，但是對董先生的景仰與感念是一直伴隨著他到最後的。

　　七月間，當夏威夷大學的一位朋友轉來中央研究院歷史語言研究所準備要爲董先生舉辦「董作賓先生逝世五十周年紀念會」的消息時，我便有了一個想法，想要把董先生與我父親他們之間這段又是師生，又是朋友的特殊情感做一個「立體的描述」。於是，我在遙遠的北國拿起電話與董敏兄聯絡，談起了我的這個構想，然後我們在多次的腦力激盪以後就有了這本小書。

　　我父親生前有寫日記的習慣，一口氣寫了六十年，而且還給這幾十本日記取了一個極爲風趣的名字，稱爲《自言自語集》。我之所以敢無懼的稱之爲「立體的描述」，就是因爲在這本書裡所記錄的事情，都是從我父親六十年的日記中節錄出來的。它們在時間上，是從民國廿八年一

直穿梭到民國七十三年，從一個生龍活虎的青年到雲淡風
清、恬然自得的晚年，在空間上則是跨越了昆明、四川李
莊、南京、北溝、臺北甚至華府等地，至於在內容上，則
記錄了許多董先生與我父親之間的互動與交往的情形，其
中有些是談論學術上的事情，有些是我父親記錄的「董言
董語」，但是大部分的記載其實是些很家常的生活上的小
事，可是這些看似無足輕重的小事，其實卻是最能讓我們
感動的，因為不但充分表現了董先生的長者之風，更重要
的是凸顯了董先生許多不為人知的人格特質。而這些高尚
的道德言行，在今天我們是比較不容易看見了。換言之，
這些就是我們當下社會上最為匱乏但卻又是極為需要的，
就是這種芳香的人格。

　　當我們在談一個人的人格特質時，需要強調人格特質
是一個「非時間函數」，什麼是「非時間函數」的意義
呢？就是「時間」不是產生變化的因素，舉個例子來說，
一個人在某一天做了一件好的事，於是我們說他做了件善
事，但是一個人在其一生中都在做好事，我們就不再說他
在做善事，而說他是位大善人了，而善人與善事是兩個不
同層次的理念。因此，我們談人格特質的特質時，它是非
「終其生，定其行」不足以論定的，不是僅憑藉一個單一
的偶發事件就能成就的。

　　董先生的許多人格特質我們都可以在這些記錄中看
到，譬如董先生極為風趣睿智的幽默感就可以在「危乎殆
哉」及「高血壓很有進步」這兩段日記的描述中看得清清

楚楚，還有他樂於助人,提攜後進,導引人生方向的熱忱，都在這些記錄中看得十分清晰。

　　此外，在家裡還留有幾封董先生寫給我父親的信函，其內容也與本書中一些記錄有關，如討論一本東巴經書上的干支問題時，便看的出來他在研討問題的過程中，其大費周章誨人不倦的情形。在另外一封信中他關心一位遠方朋友心情鬱悶的問題，因而希望我父親去信寬解時，這些都顯然超過了「傳道、授業、解惑」的經師層次，而達到了「四海之內若一家，通達之屬莫不從服[1]」的人師境界了。這些信件也一併在這裡刊印出來。

　　什麼是經師？什麼又是人師？其差距又在那裡？我父親在一篇有關中國博物館發展史上的重要文獻 —《中央博物院的悲劇》一文中有這樣兩段話，說道：

> 民國三十年的時候，我還是一個二十七八歲的年輕
> 人，渾身都是活力，正在雲南麗江的大雪山下，有
> 興趣的做著麼些象形文字的調查工作。一天，忽然
> 接到李濟之和董作賓二位長者的電報，問我願不願
> 意加入中博工作？我一覆電答應，馬上就匯來了調
> 查用的專款和由凌純聲先生擬的調查計劃。於是我
> 便以一個「助理員」的身份獨當一面展開了工作。
> 這時給我印象最深的，是來往通信的口氣異常和藹

1　荀子《儒效篇》：「近者歌謳而樂之，遠者竭蹶而趨之，四海之內若一家，通達之屬莫不從服，夫是之謂人師。」

親切，指示得十分清楚詳明，做法權柄卻一點不加
限制，語氣正如師友家人在商量問訊，沒有時下
「官樣文章」礙難照準等的疾言厲色，初出茅廬的
我，第一次接觸到學術機關的空氣溫馨，這一點溫
馨，影響到我後來的終身從事研究工作的決定。

與

那時大家「開會」的親切熱鬧氣氛，我至今不忘。
隨意發問，絮絮而談，簡直就像一個大家庭在爐邊
閒話，脫落形式拘束，偏多鼓勵慰勉，和諧親切氣
氛醉人。

這兩段文字都強調了一件事，那就是在那個時代與這
些學者們來往互動時，他們所散發出來的氣氛是能使在周
遭的人感覺得到「似浴冬陽，如沐春風」，而毫無一絲官
僚、官腔、官派頭的衙門氣息。這種感覺在今天似乎都不
再存在了，因此我們不禁要問：「今天的學者們與董先生
他們那一代的學者們來相比較，問題是出在哪裏了？」其
實問題也不太複雜，主要是今天我們有很多專業的經師，
但卻比較難得遇到人師了，因此，雖然學到了豐富的知
識，但是卻不知道或鮮能瞭解人格的芳香是個什麼樣的味
道了。

一個人有點學問不難，為學不倦，假以時日，便可有
小成，一旦有了些許學問而又願意與人共享，便已經有點
天人交戰，忐忑不定了，要真能達到無私的去提攜後進，
達到天雨流芳的層次那便真正是師道的最高境界了，也就

是我們所謂的人師了！

　　有一年，董敏兄與我談起他家尊翁在民國十年，二十八歲之時，是如何由家鄉闔闠聚集之地，因亢心希古，思崇儒業而入北大國學門進學之事，言其父能有機緣入北大進修，皆完全仰仗鄉賢耆紳張中孚、徐炳昶等先生之大力無私的扶植提攜，敏兄又言也因此董先生一生對張、徐兩位先生皆恭謹敬重，持弟子之禮。

1926 年董作賓先生（第一排左一）在北大第三院工字樓前與北大研究所與國學門同仁合影

　　敏兄的這個說法後來在《平廬影譜》書中一張民國二十五年董先生與張中孚先生偕行，由王湘先生拍攝的一張在會善寺前的照片說明中就看得清楚了。董先生在這張題名爲「中天紀遊」的照片中寫到：

> 民國二十五年秋，奉院令調查登封周公測景臺。至汴，偕中孚先生、子湘同行，此調查始，途遊嵩山時子湘所作，驢子背上即中孚先生，追隨者余也！回首前塵，恍如昨日，今寇氛益深，瀰漫中原，先生避居家園，余亦流離滇池，子湘則投筆從戎，撫今追昔，不禁黯然魂銷矣！廿七年抗戰周年紀念之前三日董作賓追記于昆明之松園寄廬。

另外，在照片的最下方董先生也寫到：

> 敬以此幅紀念已故之鄉前輩張中孚先生！[2]

2　這段文字在《平廬影譜》中沒有記載董先生是何時寫的，張中孚先生逝世於民國三十年。

敬以此幅紀念已故之鄉前輩張中孚先生：

會善寺前。陸關之藝影。

　　為什麼董先生是如此尊敬張中孚先生呢？就是因為中孚先生在董先生一生功業開始的第一步時，無私忘我的幫助了董先生。張是河南南陽人，與董先生是同鄉，是河南知名的飽學之士，也是北倉女中的創辦人，一生致力於鄉里教育事業，深受地方及學界的敬重。民國十七年董作賓先生第一次到安陽查訪時，張中孚先生便陪同前去。那一

年，歲次戊辰，在《平廬影譜》上，有段董先生的自敘：

> 民國十七年秋，歷史語言研究所成立，聘余為編輯
> 員。至洛陽、安陽調查。
> 暑假後與鄉前輩張中孚先生約同赴洛陽調查三體石
> 經，並經溫、輝各縣轉赴安陽調查殷墟甲骨文字之
> 出土情形。

董作賓先生在輝縣考察時所攝蘇門山照片及以甲骨文書
「百泉」二字，輝縣是李霖燦先生的故鄉。

　　他們在八月十二日到達安陽，十四日抵小屯，開始調
查甲骨的出土狀況。為什麼張中孚先生要陪同董先生到安
陽去？就是因為他知道以他與地方上的人脈關係，能夠減

少地方上對外來者的疑慮與可能的阻力，進而協助董先生得以順利完成「探訪安陽」的任務。這次探訪的結果，使得董先生堅信，

> 吾人於村中親見之品，又皆新近出土者。凡此，皆可為殷墟甲骨挖掘未盡之証。[3]

也後來才能在《安陽小屯報告書》上寫下這段關鍵之語，

> 甲骨既尚有留遺，而近年之出土者又源源不絕，長此以往，關心吾國古代文化至鉅之瑰寶將為無知之土人私掘盜賣以盡，遲之一日，即有一日之損失，是則由國家學術機關以科學方法發掘之，實為刻不容緩之圖。[4]

　　這份報告讓傅斯年先生下定了決心，對安陽小屯地區在該年十月作了第一次試探性、科學性的發掘，從而成就了後來史語所在殷商考古學上的輝煌成就。

　　現在我們在這裡談這些「俱往矣」的陳事是很容易的，但是如果把時空拉回到民國十七年的小屯，我們就不

---

3 民國十七年十月《試掘安陽小屯報告書》頁五。
4 同上。

得不對中孚先生無私的幫助董先生來排解困難，協調地方，讓暗訪式的調查得以完成的這番努力感到無比的贊佩，因爲當時小屯是一片混亂無章的地方，既有盜匪出沒，強人橫行，又有貪婪的古董商人大肆活動，鬻贗造假，再加上有強烈保守意識的地方有力人士從中作梗，使得調查工作不但不易成功，甚而至於有身家性命之憂。因此，在這裡應該問的一個問題是，中孚先生在董先生一生的學術功業上，他的地位是什麼？董先生一生尊其爲師，又該定位是那一種老師？

明顯的，張中孚先生甲骨文的專業知識是不足以爲董先生師的，但是中孚先生在董先生一生功業的最關鍵的時候，卻毫無保留，無私的盡力提攜後進，幫助鄉親，這種高尙的人格風範纔是真正讓董先生一生感佩敬服的，而其影響是什麼？就是後來董先生也是以中孚先生這種方式不遺餘力的來幫助後進，嘉惠來者，二位都是典型的身教重於言教的人師，而不是僅僅是傳道授業的經師。

民國廿二年在南陽考察漢畫像石時，四位南陽文士在南陽豫山禪寺合影。左起：張中孚，董作賓，孫文青（時任南陽教育局長）及徐炳昶。（徐為唐河縣人，唐河西距南陽市一百華里，現隸屬南陽市）

　　應該這就是人師與經師的差別所在，經師能幫助一個人學業成長，人師卻是幫助一個人功成名就，名垂千古，甚至扭轉時代，獨領風騷。

　　另外還可以看到的一個人師例證，就是中央研究院的創辦人蔡元培先生。

歡迎蔡元培先生！一個不可再得的盛大集會！民國廿年
春靜心齋沁泉廊畔。《平廬影譜》第 18 頁。

　　我們要把時光撥回到民國八年的北平。那年的五月四
日因爲巴黎和會的結果，爆發了影響後世深遠的五四學生
街頭運動，遊行以後，當時北大校長蔡元培先生，在八月
廿三日的《告北大學生暨全國學生書》裡，寫了幾句強調
「教育救國」的關鍵之語：

> 我國輸入歐化，六十年矣。始而造兵，進而練軍，
> 繼而變法，最後乃知教育之必要。以僕所觀察，一
> 時之喚醒，技止此矣，無可復加。若令為永久之覺
> 醒，則非有以擴充其知識，高尚其志趣，純潔其品
> 性，必難幸致。

　　這段惟有教育才能救國的醒世之語，後來感動了一批立志以作學問以救國濟世的書生們，也因而打造出了民國學術的輝煌成就，濟濟多士，風雨一堂，其中就有彥堂先生。

　　董先生一生敬佩蔡元培先生，在《平廬影譜》中，共有三張有關蔡先生的照片：民國廿年在北海靜心齋「歡迎蔡先生！」的合照，民國廿九年蔡先生病逝香港的紀念照片，還有一張是民國四十五年董先生在香港大學任教時，在蔡先生墓前獻花的照片。

董先生在香港華人永遠墓地蔡元培先生墓前獻花致敬

　　我從整理這些記錄中，充分的體會出古人所說「蓋聞經師易遇，人師難遭。故欲以素絲之質，附近朱藍耳」時對人師的渴求仰慕情懷。人人都想，也都希望在自己的一生中能有幸遇到一位人師，讓人生大道上永遠有著一盞照亮前程的明燈，使我們能有更寬闊的能見度。郭沫若說：「經師是供給材料的技術家，人師是精神的領航者」。應該是對「人師」這個概念的一個很好的詮釋。

　　哲人已然久遠，但典型仍在宿昔，真摯的希望從這些日記的記錄裏，能夠使我們都認識董作賓先生除了有甲骨文的輝煌成就以外，其無私大我的人格特質使得他更是一位讓我們深為折服，永遠懷念的人師。

　　除了這些記錄以外，我父親還寫有兩篇有關紀念董作賓先生逝世的文章，《淒風苦雨葬斯人 ── 記董彥堂恩師之喪》以及《董作賓先生的生活藝術》，也收錄在這本小書裏。前者是民國五十二年十二月一日董先生下葬當晚，我父親夜宿蔡元培舘時寫的，《生活藝術》那篇則是紀念董先生逝世廿周年而寫的，因為都是屬於紀念性的文章就一併附於此。

　　至於這些日記上的記錄，因為有時間、地點和前後的因果關係，單純的私人文字記載也許不易讓人瞭解這是講的那件事情，因此我也盡我所知加一些註釋來把其中的一些事情說得清楚些。

　　董先生在我一歲的時候，曾在我的紀念冊上寫了一段「中」氣十足的兒童詩，長大以後有時會拿出來看看，試

圖喚回些我童年的記憶。有一次敏兄與我談起說父執輩們
在我們小的時候，都會寫一些勉勵我們的話，期望我們的
話，留給我們，我們是不是應該對這些筆墨遺珍有所回
應？雖然他們都已離我們遠去了。我對此也曾著實的想了
一番，寫了一篇《多黍多稌》的小文來表達對他們的感
念，後來敏兄把此文收錄在他的《萬象 ── 甲骨詩文集》
裏。

　　想到董先生爲我寫的這篇中庸之道的紀念文字，我非
常高興今天也能爲董先生作件很不足道的小事， 把他與
我父親一生交往的情形就日記中所記作一個完整的紀錄，
從中或許能讓我們瞭解「人師」的可貴與其真正的意義。

2013 年 10 月 在中 敬書，時客居臺北

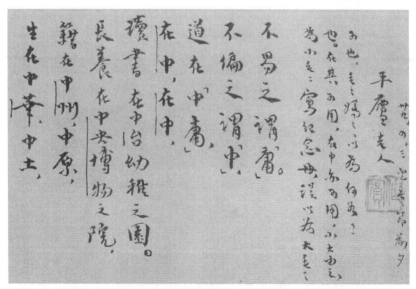

董先生在我的紀念冊上寫的一篇「中」氣十足的
兒童詩，那年我才一歲。

李霖燦先生日記摘錄

民 28.03.29 董作賓先生會見記 —— 昆明

和有名望的人和有學問的人談話不同。

和有名望的人會見可以分作兩種：

假如他是僅有名望而無實學的話，那我們可以增加自信，因為他們不過如此，自己很可以大膽的相信自己定能超越他；假如他又有名望又有學問的話，那就無疑的，學問會壓過他的名望，就和有學問的人一樣他可以指示給你一條正路，使你可以少走許多冤枉路，而且主要的是，他可以讓你堅定自己的信心不再搖擺，因為他們的成功就是最好的一種保證。

與自己的現實相比有了兩種結果，首先是慚愧自己的無成，那麼

1939 年董作賓氏一家在昆明龍頭村（平廬影譜）

就必須要趕緊追上去；其次是由他們的成功中見到成功並無捷徑，這樣我們面前的路雖然很遠，但卻分外顯得明確。時間上的疑惑一下子沒有了，我們便覺得很容易的一步步踏上去，路途雖遠但卻有了一張詳細的地圖，因而絕對不會再有懷疑。

在龍頭村見董先生時使我有了這樣的感觸，從今天起不會對自己再有疑惑，只要前進就能成功。

的確，在智慧的高地上旅行是能使人卑視一切。和有學問的人談話，每每使人生出一種新的力量，這是先進者對後來者的鼓勵與恩賜，甚至於李樸園[5]先生在回來的路上都說，我必須把戲劇放棄專心來做這件事。對啊！人原不能做很多的工作的，那麼就應該專心做一點有價值的工作。

董先生告訴我，他們正在發掘大理的一個遺址，那麼我們到大理時便可有眼福一睹了。

董先生又說，麼些人象形文字和中國文字源流沒有關係，舉了兩個例子很有道理，「路」這個字在麼些人是「 ᑌ 」，中國象形字是行「 ᛝ 」，十字路也，大道直如髮不是如蛇行的崎嶇山路，這與環境有關，因麼些人居於山地。另外中國字的「暮」 ᛝ，是表示太陽落在平原草 ᛉ 上，ᛤ、ᛤ、ᛤ '旦' 字表示日出地面是平原景象，麼些人則以 ᛝ 發光的太陽為早上，ᛝ 以無光的太陽表示日暮，這也應該是山地的原因。

---

5 李樸園，河北人，畫家，戲劇表演者，西湖藝專教授。著有《中國藝術史概論》等書。

1939 年 5 月李霖燦在大理與中央博物院蒼洱發掘團合
影。左起李霖燦，吳金鼎，梁思永。右一為吳金鼎夫人
王介忱，右二為曾昭燏。

　　除了環境的不同外，主要的是中國的象形文字除在鐘
鼎金石上看到一點殘餘外，至殷已完全變形，似乎由圖畫
進入符號文字的時間不太長。而麼些人則獨立的在發展自
己的系統而且時間較後，那時中國已無象形文字系統存
在，絕對沒有影響他們的可能。

　　我這個學藝術的應該要迎頭趕上了。

民 28.04.03 事在人為 —— 昆明

　　雖然今天精神不太好，但是事實卻逐漸走向良好的方
向，可見一切事情都在人為，我相信只要我好好的幹下
去，我會獲得我理想的地位和環境的。

　　上午如我所預料的董作賓先生來，他本是預備帶我去
看方國瑜先生的，但方先生必須晚上才回來，李朴園先

生、俞鵬又沒找到，結果又跑回來看我的畫，後來我才知道這個動作是有深意的。

事在人為，我只要好好的幹，會有一天能達到目的的，使我高興的是我拿成績來取得了人家的相信。

我和董先生認識是前天到中央研究院談了兩個鐘頭話，今天他來看我是我們第二次會面。

民 28.04.09 中央研究院的一日

1939 年 4 月李霖燦作董敏小像於昆明龍頭村。

因為董先生五日來信約我，又恰巧要避警報，我便在中央研究院停留了一天，得認識顧頡剛先生及凌純聲先生。由凌先生那裡，我知道了不少關於西南民族分佈的情況，尤其重要的是他告訴我了許多有關民族學調查的方法。凌先生答應給我們寫介紹

信到麗江，並且約我們在出發以前再去見他一次。

在中央研究院裡我有兩點感想，他們的確都有深度的學者風度，對於我們這般後進很肯看重。其次是他們工作的紮實，正如淩先生所說的，我們最重要的是找到問題，有問題向下研究就會有東西出來，這就是作學問的方法。

董先生約我在他那裡住幾天，我說從麗江回來是一定會來的……

在中按：半月後，在 1939.4.27 李霖燦先生離開昆明，第一次前往麗江考察。1939.8.24 在麗江中甸考察四個月後歸返昆明

民 28.8.29 本領第一 —— 宿中研院

從前在路上的時候，曾說過：「人事第一，本事第二」的話，這指一般人事，尤其是政治及社會活動，是的確適當。但是若在一個學術機關中或在某一個水準上的程度講話，人才的確是難得，各處都要人，但是只怕你沒本領。在龍頭村一日和彥堂先生接談之下，使我「助長速成」之心，一時都盡。只要有工作成績表現出來，將來各處都會找你，又何必心中急於求成？眼光要放得遠，但要把近處的事業當作基礎，一步一步，老老實實幹下去，三五年我相信首先生活可以不成問題，我發現到一個人假如日日戰戰兢兢以生活為事，將要終於拮手拮腳，必須放高一步以事業為目的。

　　若日日爲虛名或地位者亦同，都必須有一個較高的境界從事，則所求者不求自至，如此一想，心中安生之至。

1939 年 4 月李霖燦之昆明龍頭村素描

民 28.8.30 開始工作

　　昨晚在龍頭村有一個很好的睡眠，在董先生處吃過了早飯，便以最快速度趕回，因爲我帶著愉快的工作情緒一同走。在路上便決定今天先將帳目清算一下，結果多用了二十元的樣子，一個學藝術的人做這種瑣碎計數怪不容易，然而能靜下心來，也就把事情解決了。下午把收集的

物品編成號碼結果只得四十號，初次考察覺得欠缺的地方很多，假如再有一個考察的機會，我相信成績一定可觀。

民 28.09.21 腦筋實在需要休息

由上月尾回來，我幾乎是不分晝夜的在寫，結果由前日起腦筋又有了反動，一切都不能再平心靜氣的做。本來我對於一件事每每都是過火，對作工作也犯這個毛病，似乎是非一氣呵成不可，結果現在第二個工作做好後，再不想做第三個，似乎是想休息，在月底想寫出來全部報告似乎是不可能。

下午鄭穎蓀[6]先生來。

晚間董作賓先生來，將報告呈上求正，定二十四日赴龍頭村一行。

民 28.10.4 龍頭村之行

龍頭村之行使我很躊躇，董先生為我耽誤了一天的工作，處處為我打算反使我更沒主張起來。麗江的計畫的確是我們年青人的一場熱夢，經董先生判剖之下，便知大工作麼些文不是自己足以勝任，那去麗江便有一大半是落了

---

6 鄭穎蓀先生，安徽人，北大教授，抗戰時在昆明任教時與李霖燦結識，鼓勵其赴邊疆考察。古樂器專家，古琴大國手，1950 年病逝于臺北，逝世前囑其子將其收集之東巴經卷贈與李霖燦以為留念。

空，賣畫是很渺茫的一條路，在麗江又沒有什麼大的發展，那何如隨著李朴園先生上西北走上一趟，董先生勸我不要放棄這個難得的朔北的旅行機會。

　　這件事使我很為難，去麗江的計畫是我們一場熱夢中決定了的計畫，而且一切也定了，現在忽然放棄，於情理上有過不去的地方，玉龍山下寫出畫家的話和雪山派創立都使我不忍忘記，但是西北是中原文化的古代發祥地，尤其甘肅一帶，多麼有詩意的地名如玉門關、敦煌、涼州對我都有引誘力，現在加上董先生的一說，似乎我只能做一個旅行畫家，於是在麗江和西北這兩條路上便不能決定。去西北還有一個好處可以離故鄉近一點，我已四年不曾看見北方的平遠景色了。

　　邊疆社寄來拾參元稿費，橫斷山脈中又有不少的東西在待我去開發。一個沒有決斷能力的人遇見這樣的事，自己不知如何選擇，兩者都有好處，兩者都有不好處。明天李朴園先生赴重慶，今天晚上必須和他談個大概眉目，並將董先生的字送他。

民 28.10.18 龍頭村之行

　　來去都在最美麗的晨光暮色中，絕早看著稻子上的露水，使人想到農人之樂，許多稻子都已收割，昆明有點像北方的原野了，不過兩個禮拜沒有出城，野地便開展了許多。晚上在四面紫色雲霞中歸來，衣服都已染上了紫色，

看著漫天雲霞，雨後顏色更加鮮豔，西邊在昆明城上埇起一個人間未有的山勢，這又是一個啓示，以雲來作山，畫才會有動人的地方，古人也有「雲起一天山」的詩句，我們應該把這些山畫下來。

　　董先生答應給方國瑜先生寫信，麗江中學事也可有望，更好的一個建議是和校長接頭把中國美術史協會的事交給我作，用這名義派我出來考察。那麼又可以有考察生涯了。

　　在中按：1939.10.22 李霖燦先生離開昆明第二次赴
　　　　　　麗江考察，一去四年，直至 1943 年 11 月
　　　　　　返回宜賓李莊。

民 29.01.07 開始寫報告 —— 麗江

　　石寶山的考察記於今日開始，約一禮拜初稿可成。
　　接董先生信一尙未覆。

李霖燦繪劍川石寶山金雞棲石

民 29.03.31 時間不敷分配

讀史的時間竟然沒有了，上午翻象形文字，下午學藏文，忙得連寫信的時間都沒有找得出，勉強給董先生信一，附壁畫照片。這幾天像夏天，很想睡。工作又緊張。

李霖燦之麗江白沙大寶積宮壁畫攝影記錄

民 29.5.12 休息

有計畫的休息了一天。

董彥堂先生寄來國幣貳百元，爲中央博物院籌備處購買壁畫及麼些象形文字經典。

民 29.9.1 兩封信

九月開頭的一天，收到兩封令人感動的信。永信由郫縣省立戲劇音樂學校來信，另外董作賓先生由昆明來信，附有二百元匯票，說是由吳禹銘先生及吳夫人和曾小姐四人湊出來助我的，實在使人感激。我並未發出求援的呼號，只不過辭了聯大附中的事，他們便代後進者如此設身處地的想，我自己有何德何能，得到他們這樣的鼓勵與協助？慎修兄願意幫助，鄭穎蓀先生也代爲設法，教育部又

每月補助，我真不知道自己有什麼成績？我以前研究的興趣不過只是為了自己的興趣本身，這並不是對學術能有貢獻，應該自己一人負起責任，現在更不能放鬆自己了，因為還有很多人在希望我能做出一些成績。

我應該知道我現在得好好支配這一些錢，麗江工作不但因之有了保障，而且一定可以進西藏了。

民 29.9.11

寄東巴書一百三十二本與董先生，用二元八角八分。

民 29.10.7 人情上的感激

董彥堂先生將石奇先生聯寄來，長者不忍卻後進者之心，想見其肺腑極可感激，人情上此等處最動人。

民 30.1.3

病漸癒，將應徵楊銓先生之文稿寄出，並抄一份寄彥公。此事也因匆匆出遊未臻完美，此後不可如此，須一事完得乾淨方可放下。

民 30.7.18

慕西法師回麗將信件帶回，內有彥老航函及與李濟之先生電約為中博院助理員，且為霖策劃將來甚詳，長者之意使人感激！且與即覆「願一試之」電去。

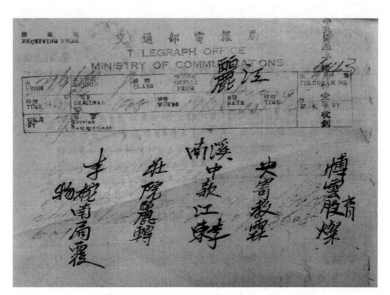

中央博物院從李莊發往麗江李霖燦之電報

1941 年 11 月李霖燦回復中央博物院籌備處主任李濟先生函

民 30.8.27

　　中央博物院一事由彥公信中知，擬定自七月份支薪，今以八月尚無分毫工作，亦為「臥薪階級」矣！

民 30.11.14

　　將彥老信寄出說明擬留至年底，然一切事每難定，前以為字源考已完，竟兩月不能完，今日以為尚須時日，或月底可完不可知，唯有勉力以赴之耳！

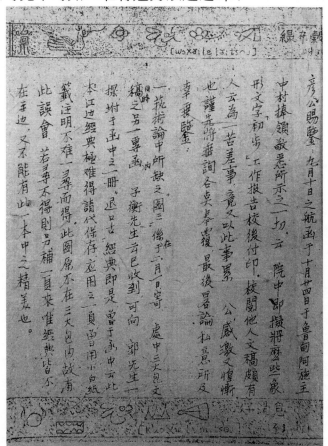

李霖燦同董作賓先生函

民 31.3.18

　　慕西法師等回麗，帶回信十件，重要者為向中博院會計室報告一月半行程之賬目，後得嵐兄函錄來郭主任語，云：「旅費 20%，標本 80%之比例」，為之惶恐。既失之前，不敢不補於後。

　　嵐兄函來，錄得各方信件，知處中令草一萬五千圓之預算，且可再加撥，故旅行方法因之決定，前以研究側重，今則以採集為主，唯一此次之考察失敗不知處中何以懲責。

　　教育部派余為蒙藏教育司編輯，不知如何，若行程中隨意供寄資料或尚可，然世上恐無此如意算盤也，埋應再去函詳詢。

　　唯自思中博院事不容不全力赴之，又是自己終生理想之事業，何能再多加外務？且彥堂公已來函教誨此事，不敢另作理想。

　　年青人有好空理想之病，經彥堂公指出警惕當遵示，以全力為中博院採集標本以補前缺。

　　　　<u>在中</u>按：民國三十二年十一月李霖燦經四年考察奉命
　　　　　　　回四川宜賓李莊述職

民 33.9.21 李莊

　　昨日董先生親自下山來勸我，不要急著回麗江去，並

轉告李濟先生的意思，要我多讀一點書。難得有這麼好的機會，並且三年來都是爲我打算，先是入博物院，然後又調回來，爲的就是要補充這方面的缺失，這使人太感動了！先進者爲一個青年的造就需要用這麼多的力麼？我真不知道如何報答這番意思才好，想來是一則以喜，一則以懼！我到底是學藝術太久了，科學方面就當學習，這樣對於人生也能有另一個境界。

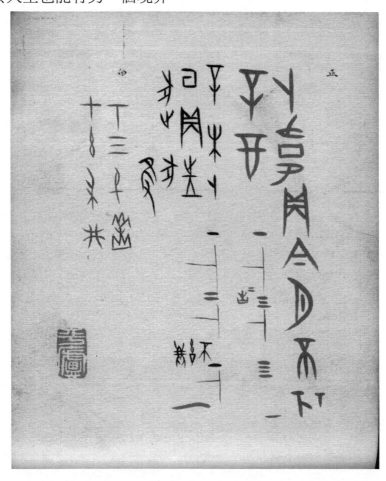

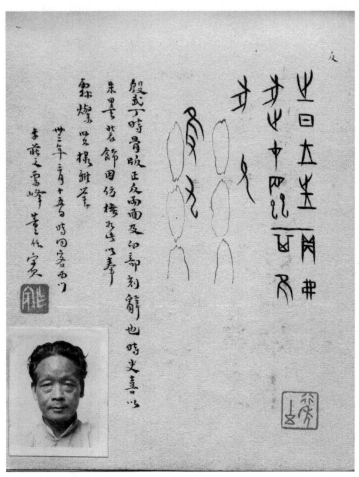

董作賓先生在李莊寫給李霖燦先生之甲骨文字

　在中按：民國三十八年一月六日，李霖燦攜中博文物
　　　827箱來台，以下為在臺灣時之記錄。

民39.2.3臺北

　久居台中動彈不得，人都成植物了。今日八時乘早車

赴臺北公出。從杭先生家出來後，核地圖距董先生家不遠，依圖而往見彥堂先生。因請教董先生，麼些文字之主要研究工作本年內可告一段落，此後若無新民俗學上之題目，應做何計劃？蓋前時曾有通道及此意，彼云思之已久，依渠之意歷史路窄，藝術路廣，不如仍做藝術有關之研究。

才幾日，彥老之長次公子，小敏、小興皆能騎大人之腳踏車，因小興生病，遂借其腳踏車遨遊市區。歸來於董府見方豪神父及勞貞一先生，斗室酌酒清談，饒有意趣。

見臺北之友人皆因經濟拮据，心情不歡，影響工作精神，可嘆可嘆！

民 39.4.4 北溝

下午董作賓先生來，明日開始清點河南運台古物。

民 39.6.23 北溝

來北溝整理工作報告。開始寫《永寧雜記》，因為董先生主辦一刊物《大陸雜誌》，因原女兒國之作原為副刊而作，不宜此刊物，故擬另寫一篇《永寧雜記》。

民 39.8.9

將《永寧雜記》呈寄董先生。

民 39.8.26 北溝

董先生來信，知《永寧母系社會》稿下期刊出。

民 39.12.31 傅先生葬禮　臺北

李霖燦先生所繪永寧少女素描

於晨風中到達臺北，至徐州路台大法學院，招待人員初來，吾等遂入禮堂，於今年最後一日之最早時間，向傅先生遺像行三鞠躬禮，時間八點整。見董先生、濟之先生、璋如先生及史語所諸先生。

陳誠副總統、在傅斯年先生喪禮上獻花致敬

民 41.10.25 台中

光復節。下午董先生來北溝，帶信來囑明日帶麼些研究作品來北溝，與美國國會圖書館東方文化部主任恆慕義（Arthur William Hummel）會晤，因彼處有麼些經典四千冊，為一麼些研究之寶庫。

民 41.10.26 北溝

晨八時來北溝，由董先生介紹與恆慕義相晤一小時。彼云彼處有二千冊經典，另有二千冊為照片，係某女士由

巴黎代為拍攝者，此想為 J.Bacot 氏所收集者，雜亂散置無人整理，問余須時若干可以整理完竣？余計算須一至二年，可理出一初步頭緒。彼云：回國後，當即有信來。送《麼些象形文字字典》一冊於彼。

　　董先生快車於一時返臺北。

　　經由董作賓及恆慕義的介紹，李霖燦於 1956 年 3 月應邀在美國國會圖書館整理館藏之納西經卷。圖為其在國會圖書館 214 號研究室內工作之情形。

民 44.3.18 臺北

　　八時赴臺北祝彥老壽，十二時四十分到下午至美國新聞處，晚應彥老壽宴，晚宿於德群處。

董作賓先生在香港大學研究室內

民 44.8.11 台中

昨晚得璋如兄信，知董先生明日赴香港，爲港大東方研究所任研究講座，遂乘對號車前往。見董先生知此次去港原因有三，一爲生活，彥老家庭負擔月須三千元，所入僅及二千，實難以支持。二爲時間，彥老在臺北門戶開放，三教九流，應接爲勞，撐不起門羅主義，不得安寧片刻，六年來鮮有時間可做成段落之研究。每日思之，形神枯竭，故擬遷地改此生活方式。三爲人事，彥老一身兼中研院史語所所長、台大教授、大陸雜誌發行人，眼觀六面，耳聽八方，也不得開交，故藉此脫身，計劃以兩年的時間在港做金文之研究，港大給于最高待遇月得港幣二千，以一千供家及自用，兩年可存港幣二萬，子女教育費可以有著落。總之，國家如此養士，食不能飽，衣不得暖，遑論研究，如彥老者國家尚不能使其安心研究，可發浩嘆！可發浩嘆！

民 45.2.19

董先生下午六時來家，已顯露老態，皤髮憔悴，面有倦容。一代學人垂垂老矣，國家尚不能安養護持，使離家庭適異國，處處皆表面尊敬，而實足害其寶貴研究精力，使精力過人，天資過人之中國學者能成就者不及原當有者十分之一。若知董先生之文章皆在晨一二時，抽空寫出

者，心中不能不為之三嘆！云：不久當又赴香港，思之悵恨懊惱者久久不能釋懷，中國學人之能力不比西人為差，且多遠過之者，亂世折磨，生活窘迫遂令多數抱恨而沒，何時能讓學人安心陶詠抽發，思之悄然。

民 45.2.20

晨陪董先生赴北溝。

「啊！董先生的頭髮白得多了！」大家都這麼說，心中都感到一番淒楚的歎息！

「不要緊！只要白到李石曾先生那樣滿頭銀髮，那就不能再白了！」董先生別有會心又說：

「你們不要看李石曾滿頭白髮，他老人家以提倡素食，倒反而把高血壓給制服了呢！」

「說到血壓，大家都在為你掛懷呢，近來還好吧？」

「不是還好，是很好，很有進步，出來時是 160，這幾天在臺北座上客常滿，應接事不空，來台中後一量，已經進步到 190 啦，是不是進步很快？太座見我匆匆來此，降血壓的藥也沒有帶，又派敏兒趕來送藥，如今我也坦然不緊張，不害怕，能和大家見得一面就很高興，也可以說見一面就少一面，只是無聊的應酬實在使人頭痛，血壓不能再進步了！」

董先生在北溝主持文物清點工作，左三為勞榦先生，左四為高去尋先生。

民 45.2.21

　　上午八時呂佛庭兄來候，至九時過，因等不及而回。

　　董先生即乘車至，約為其寫蘭竹三頁，又赴特產商店購土產。遇一攝影館遂合攝一影以為紀念。

四十五年二月廿一日

彥老由台北來台中，行將再起香港

任研究講座，因攝此影留作紀念

李霖燦謹記

由日月潭講學回來

1956 年 2 月 21 日
董作賓與李霖燦
在台中第一照相
館合影

民 45.9.15

　　自美歸來，見董先生將在美國情況一一報告，董先生
也將此間情況見告。晚九時三刻歸。

民 45.11.30

　　爲璋如兄喜事來臺北，晚間自南港歸來，與董先生擁被細談，知此一世界真是人間，細觀名人無一樂者，人人皆有深憂，或此即爲人生。

民 46.1.14

　　記得是彥老對我說的，當初勞貞一先生進史語所，傅斯年所長在和他的第一次談話裡，告訴他三年之內不許寫文章，先安住心好好讀三年書。勞先生後來的成就當與這三年有關，緬懷傅先生高風，傾仰無限！

民 47.4.9 臺北

　　晚上宿於董先生家，海萍夫人未歸來，興弟又肺病復發臥床台大，故心情極劣，便與之談曆法以寬其憂。

民 47.10.6

　　董先生來信說，康熙元年六月二十二日，不是牛日。這一下子可黃牛了，不知錯在那裡，只有等國會圖書館寄照片來查對。

民 47.12.22 臺北

　　晚七時許到臺北，往董先生家、李先生家一談。聽董先生講世俗哲學，得本「以真應真，以假對假」之原則。

民 47.12.31

　　明年主要工作重心是放在繪畫斷代研究上，彥老厚意栽培，爲我向哈佛請獎助金。

民 48.1.18

　　昨天晚上一整夜都在核對康熙年間的干支，董先生對我的提攜真是無微不至，一聽到璋如兄要代我查康熙六十一年間六月二十二日的干支，便把他自留用的二十四史朔閏表寄來，我爲了感激這些學術長者的厚意，不願意使他們失望，〈當然也怕鬧笑話〉便耐心地一一覆勘，老天不負用心人，結果在康熙七年的六月二十二日，查得干支是「己丑」，與麼些文記的 ▨〈中央土〉▨〈的〉▨〈丑，牛〉▨〈屬〉▨〈一日〉相合，再查其他年代都與此不合，故此冊經典似當屬於康熙七年〈1668 A.D.〉，上一行之 ▨▨▨▨ 仍應從寬釋作「康熙坐朝的時代」而不作「康熙登基」之嚴式解釋，蓋如此文法亦可通而與長曆相全相合也。

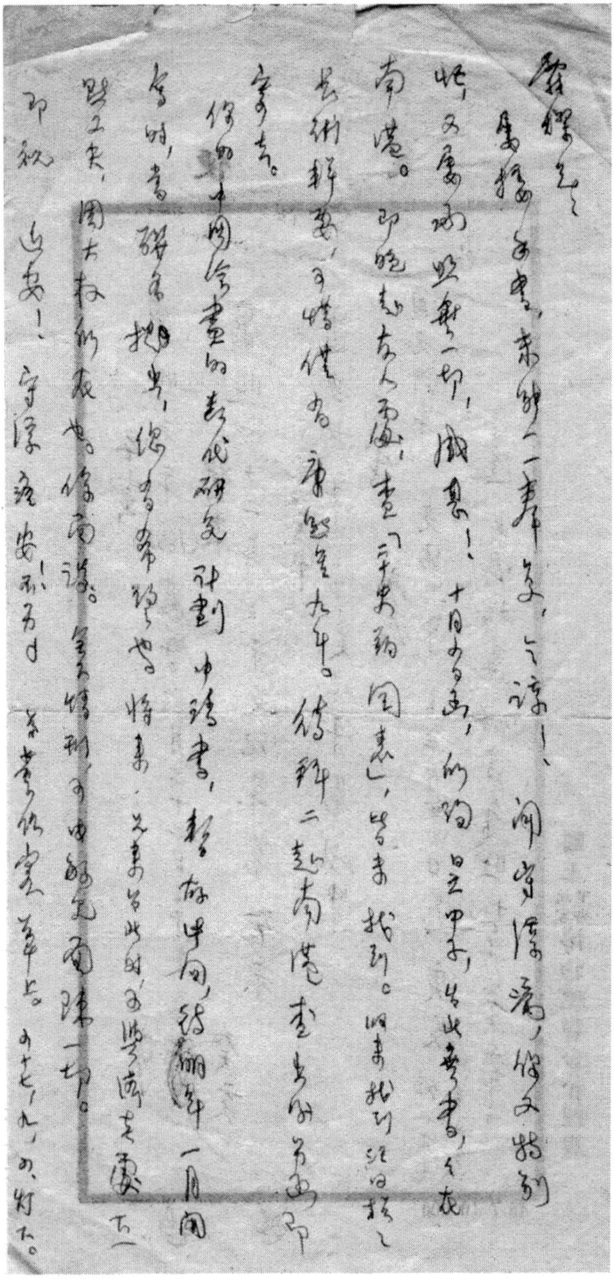

董先生回復李霖燦有關康熙年間干支問題

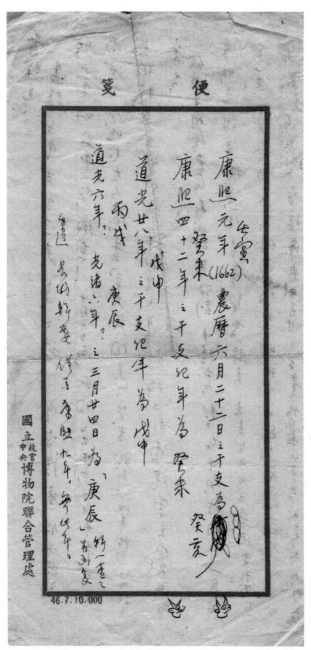

便箋

康熙元年 壬寅 農曆六月二十二日三干支為 癸未 癸亥

康熙四十二年三干支紀年為 癸未

道光廿年三千支紀年為 戊申 丙戌 庚辰

道光六年？ 光緒六年？三月廿四日為「庚辰」

國立故宮中央博物院聯合管理處

46.7.10.000

危險危險，若非適之先生之「異常」提示，幾乎又鬧出了笑話。感激！感激！學術長者對後進之扶持，真令人興起！痛快！痛快！書獃子得一真確答案去得一疑，若合符即輕鬆開闊！查陳援庵先生的《二十四史朔閏表》，如此學者，如此功力嘉惠後學無量，令人欽仰感嘆！

民 48.1.28 台中

得東亞學術研究計劃委員會之限時公函，告之余之研究計劃已蒙推薦通過，此皆彥老、濟老之培植至意，心銘感荷。

民 48.2.21 台中

九時陪彥老訪佛庭兄，下午四時彥老攜眷回臺北。

民 48.2.27

今日接璋如兄來信，囑為彥老六十五歲生日寫文章。

民 48.5.13 北溝

下午忽得臺北消息知彥老患中風入醫院，即赴車站購票明日赴臺北探視。

民 48.5.14 臺北

當我到達台大醫院東四特一病房時，我舉步躊躇，因為門上有主治醫師「禁止面會」的字樣。醫生的囑咐是當尊重的，但我由台中來豈能不見一面？而且我還代表在台中的這許多關心彥老的朋友。

反正時間還早，我一路跑來也須要休息，便倚在門外長凳上少息為佳。台大醫院我最熟悉的地方，我曾在這裡伺候岳父大人的病凡四月餘，如今又來探望董先生而且是同樣的病。

正在思路縈繞的沉思中，董敏由樓梯上冒了出來，他剛由外面吃飯歸來，我先略問了病況，便隨他入了病房。董太太及小武都在房中，見我來了都向病人說了聲：「霖燦來了！」

我到病榻邊見董先生倚臥在床上，人一進醫院一經醫生的化妝打扮，再把有醫院字樣的被單一蓋，就很像個病人的模樣了。董先生是瘦了一點，鬍子未刮，顯得憔悴了些，但人還是神志清澈，仍不失一向的談笑風趣。我握住他的右手〔原恐怕他中風嚴重左邊手腿不能動彈〕他第一句話說了四個字：「危乎殆哉！」這四個字是病容中滲上了笑容而說的，雖在病中不失風趣。

這時我以為他的語言能力未受點滴影響，心中一喜。又見側身過來左邊手腳皆能操作，心中一鬆，以為沒有一點問題了！但下面他想告訴我病況時，我岳父的情形又使

我害怕起來。他說他太累了！七點、八點、九點，這是指他夜間工作過度，但九點以後就說不出來，我接著說十點，十二點還不睡，他便如嬰兒學語似的重覆了我的話一遍，像是在字典中找回來他曾經認識的字，又要從我的語言中找回發音，我岳父中風不語時，正是如此。

　　於是我便明白了董先生的病況如何了，起因是太勞累了。夜間七點、八點至十二點都在為人寫甲骨文對聯，十二點到兩點做自己的工作，睡下後翻身見大貓臥於書上，叱之不去，追逐之中忽覺語言不靈，亦不知何故急服藥休息，玉京在家量血壓至 170。

　　次日遂不赴台大上課，午飯時候沒有說話，大約此時語言已不靈光，適其外甥喬某來借錢，經過飯廳時，董太太見到董先生掉下淚來，亦不解何故，因從未如此也！午飯後又睡，下午史語所陳萬才來有事報告，忽見其神色有異，表情癡呆，急呼董太太扶於沙發椅上，急告濟老轉電高院長入院急救。

　　至醫院即使用氧氣，發現有輕微中風現象之外，尚有狹心症狀，血管部份堵塞，語言能力幾乎全部喪失，幸能飲食，能睡眠，故星期一病發至星期四我來探望時，語言已能大半達意矣！

　　病室中有空氣調節，設置不錯。我為了寬病人的心，便說：「我對這種病最有經驗，第一、要緊的是知道自己是病人，病人要有架子，比官還大，什麼人都不理會，不動聲色，只把人由動物變成植物，一切如入睡眠狀態，那

就恢復的快。人好的時候不能免於忙碌的厄運，偶爾小恙休息亦佳，也是生活交響樂中一段慢板插曲也！機器壞了要修，修理好了才能再用。」

董先生說：「是的，傅孟真是機器全壞了，一下子完了！李孝定家老太太機器壞了一半，成了半身不遂，我這次輕微是個警訊。」

他說得雖慢，但意思層次都清楚。我知道只要能安靜休息，便可很快復原，便寬其心說好好休息，一切事該讓年輕人去忙了！老了該休息會兒，你看于右任老先生八十多了，前些時亦發生了同樣的毛病，現在不是全好了嗎？

他點了點頭，又要招呼我吃飯，我看他還在用心，便與董太太一起到外間讓病人休息。

下午七時雜事忙過，便又到醫院探視，董先生的語言能力似乎又恢復了一些，能說七八字的語句，恰巧嚴一萍先生也來探望，因怕病人太勞累，我們便準備去外間說話，此時病人要吃蘋果，董敏在給他時，忽然側身從桌下把點心盒子拿出來，原先我還以為他要揀嚐一塊，後來見他把許多點心集在一盒中，又叫一萍兄找繩子紮起，他指了指說給毛毛，毛毛是我小孩的小名。

見病人還在用心應酬太勞，但董先生還在講笑話：「大人物可以擺架子，小人物不行」云云。便對董敏說，晚上上街買個本子，放在門口，說明遵醫囑不宜見客，請簽名容後致謝等語。董敏說此地就有，即可辦妥。

正說著毛子水先生等人也來了，董先生還對他們說這

次病是虛張聲勢，我倒是很耽心這第一個禮拜，因爲恢復或受傷都在這一段時間。

八點鐘我搭車回台中，董敏送我到車站，我心中還是有點放不下心，因爲他們爲此病沒有經驗，而董先生又不知自己休息。

民 48.5.15

可見董先生的人緣好，一上午大家都在我的辦公室談他的病況。

民 48.5.28

晚上得臺北信，知後日哈佛獎學金開會，此事之成全出彥老之謀，適逢其會，又得濟老之助上天厚我多矣！

> 在中按：民國五十年二月十五日李霖燦扈中國古藝術
> 品赴美展覽，五十一年七月廿八日返，爲時
> 一年五個月。

民 50.3.17 華府

出門後再回家拿大衣及毛衣，可知空冷之厲害。九時

到國家美術館〔National Gallery of Art〕，十時與楊公使同赴弗瑞爾博物館〔Freer Gallery〕，見到文禮博士〔Dr. A.G.Wenley〕及高居翰〔James Cahill〕，文禮博士因舌部患癌症遂連下顎削去，想到彥老之高血壓李濟老之糖尿病，老成凋落，令人憮然。

民 52.5.5 台中

昨晚董敏來，知彥老病況進步甚慢，心中極憂，這種病恢復多在得病後一二月內。

準備上南港讀一星期書，並探彥老病。

民 52.5.6

乘金馬號來到臺北即赴醫院看彥老病，看病情不算嚴重，但體力困頓卻使人心憂。對病榻病人我深有所感，憶三十二年深秋我由雲南初回四川，大家都很高興很熱鬧的為彥老做五十大壽，如今一轉眼間自己都已年五十，回顧彥老五十歲時之豐功偉蹟自顧汗顏，思之惕悚，彥老高標，余天份所限，大約無望，笨人鈍器晚成，中國繪畫史二十年之計畫，不可一日有絲毫懈怠也。

民 52.5.10 南港

赴臺北看董先生病，李方桂先生今日回美。

民 52.7.15

向臺北做了一次夤夜突襲，夜二時登車六時半到達，早點後即赴醫院看望彥老，體力又弱一番，心中悽惻。九時到達中研院，讀書、查書、校書，下午對民族所諸全仁講大理國，四時五十分完畢，乘六時平快車返台中。

民 52.8.26

又襲上次一日往返臺北之故智，晨二時離台中，六時到達。先探彥老病況，益發使人惻然心憂，九時到達南港。

民 52.10.28 南港

上午在所中抄錄書並辦雜事，下午探董先生病，心中極爲難過，人生終點皆是如此，學人末路可憐不知如何是好？因爲自己也在這條路上前進也！

民 52.11.23

　　晚間驚聞噩耗，董作賓先生下午三時逝世，遂決定明日往弔。晨間聞美總統甘迺迪遇刺身亡，盡噩耗也！

民 52.11.24

　　晨九時五十分與守淳共乘快車赴臺北，下午一時半到達即赴殯儀館弔彥老之喪，靈始停妥，研究院諸友人雲集，大眾皆失聲哭泣，一代學人堅苦奮鬥七十寒暑，如今一榻停身，萬事俱休，不知心中何味？思緒萬端，亦不知應自何抽繹起始……若不是過份紛亂，則必是暫時麻木……因即決定伴靈一宿，少報平生知遇提攜之恩……三時許同守淳赴青田街慰問海萍夫人，不知從何說起，幸得有錢夫人等在座，大眾發言良久，辭出六時送守淳返台中，我則轉返殯儀館，夜雨淒迷，十二時過尚無睡意，生而有死，人人盡知，彥老之去亦早有預報，依理當無深悲，但所料者當成事實仍不免有萬念俱灰之感，不語無思但繞室徘徊而已。

　　私人之悲，彥老軼事，當另為文，近日無任何心緒執筆。但有三端有關世道人心者：

一曰：自學成功者之楷模也！

彥老以私塾小學之資歷，入北大旁聽，而能成為世界古文字權威，真令人興起。此點若能揭揚，當為後來者增加不少勇氣，加添不少新成功者。

二曰：提攜後進之古道熱腸也！

當今世局有一惡習，即時代之爭權鬥爭也，老者不交棒，少年要搶棒，文化接力行將斷絕，二者相互攻擊，那還說得到提攜栽培？彥老此項美德今日社會最為缺少，又是極為需要者，當宣揚而使大名服膺。

三曰：生活藝術之日常培養！

人皆知彥老甲骨文書法秀潤，但不知其在生活藝術高人一等，我有與彥老共同工作之經驗，如愛說笑話，時生幽默等等。此一點亦當宣揚，因人世日迫，人與人距離日遠，生活趣味日少，若不即日培養，將來將成木頭人王國也。

設於極樂殯儀館之董作賓先生靈堂

民 52.11.25

　　淒風苦雨，天氣驟寒。晨七時悄悄離開殯儀館搭車去台大。

民 52.12.1 葬禮

　　董先生下葬之日，在墓穴前致最沉重之哀思，左四為李霖燦先生，左五為李濟之先生，左七為黃季陸先生。

　　風雨中來到臺北，沒有休息進餐即叫車赴極樂殯儀館。一天的梗結逼迫，淒慘氣氛。有人說是氣壓低，濕度大。我卻只覺得胸部壓力甚大，心臟極不舒服，此等場面連我都有點受不了。

　　可云所有的文化人都來了，許多忙於生活的朋友，平日彼此缺少見面的機會，卻由彥老之喪大家聚會一堂。現今生活是進步？是退步？大可商榷，有人推測天氣太壞來弔喪者不會太多，結果是紛至杳來，應接不暇，可知彥老人緣之好。當今之世如此古道熱腸，提攜後進者日少，更令人懷念彥老胸襟。

　　十一時大殮後即發引赴南港中研院，員工甚有組織，一一皆籌劃周到。五部大客車載客隨靈出發，風雨中葬彥老於胡適之先生墓側小崗之陽，新壙一穴，水泥未乾，令人淒然，風雨如絲，濟老臨穴不去，人生終點，人人皆須到此永憩夫復何言！

　　白鵬兄自花蓮飛來，痛哭不去，令人淒切。

　　晚宿於元培館，夜雨撼窗，不能入睡。遂起床提筆為一短文，以哭彥師，腦中鬱結。身手俱憊不能達意。

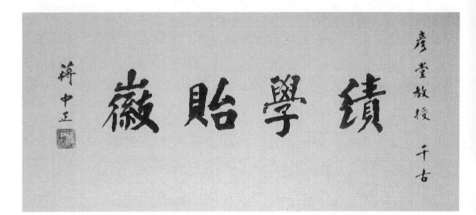

民 52.12.2 蔡元培館

清晨上午都在寫哭彥師短文，十一時完以限時寄出。
（風雨葬斯人，全稿刊於文尾）

中午抽空到臺北看望海萍夫人。

民 53.2.29 北溝

雖下月四日即登艦赴舊金山，但明日爲彥老逝世百日
紀念擬連夜趕去。

民 53.3.1

好旅行的我因夜雨連綿，今日也不敢嘗試三時二十六

分之夜車,因而改乘八時快車北上。

十一時許到達,因路上巧遇葛秘書,他好意約我到他們的招待所去住,遂至和平西路一轉。因攜東西來董先生家,夫人、董興、董萍、董武等已赴南港,我即赴濟老處辭行,並好好叨擾了他老人家一頓,又往凌先生處一走即搭車來南港。先上山謁墓圍,牆半起,鮮花數束,一代學人寂歷如此,不勝感慨!

在中按:民國五十四年十一月十二日臺北故宮博物院成立,以下記錄皆為在臺北所記。

民 54.11.26

一早搭車直放南港,怕明日一忙匆匆離去,彥老祭辰之禮又缺一遭,兩年都缺,心至不安,去年因在美國,無可奈何。今年心想身在台灣,定能墓前一拜,不意船到之日正是兩周年忌辰,不但自己不能身達,連璋如兄都同滯雨港,而不得返。流光荏苒,風雨淒切,近思典型,行自念及,萬愁千憂,結集成羅,真不知如何抽繹排遣,故臨返台中之前非親往展墓一次不得安心。

1966 年 3 月董作賓先生冥壽，海平夫人與李霖燦夫人
黃守淳女士合攝于墓前。

民 55.3.19

　　明日彥老冥壽，已計畫明日上午趕往南港參加，人一
作古，時歲易得，轉眼之間二年已過，且周年二次，我都
不在台灣，這次幸而在台，自當親赴墓穴拜謁，且我由印
度帶來天竺香一束，正好於園中焚燃表我寸心。

民 55.3.20

　　彥老冥壽，大家都集會在南港中研山上。日本梅原末治先生以七十餘之高齡亦惠然而至。梅原先生與彥老係安陽發掘老友，執手杖、帶深度老花眼鏡，痀腰於墓園碑前，令人感慨無限。

　　依常理而論，彥老亦可得此長壽。彥老一面掙扎，一面應付，一面作學問，三分天下，精力去二，只以三分之一從事學問，其情可憫，其事可悲，其損失可為重大，不然以彥老之智慧，實十倍於以螞蟻做工而成名之梅原，而梅氏可以碩果僅存於今，逍遙而遊孜孜絕學，而彥老墓木已拱，令人唏噓感慨無量！

　　嚴一萍先生、金恆祥、王梓良先生等都來了，璋如兄夫婦、芮太太等也來到山上。董敏、小萍、小武都扶持海萍夫人來臨，備有奠品，玉京夫婦和兩個小孩也來，家祭過後，我們大家依次行禮，彥老幾個最關心的人總算大致到齊，天氣不大淒冷，大家心情沉重，因為環顏彼此頭上白髮，不言而喻，真沒想到曾幾何時我們都已接近老邁，餘年有幾？成就如何？默然有慨！

董先生冥壽，家屬及生前好友在「繽學貽徽」碑前合影

民 55.4.14

想到董夫人海萍女士家居不出，這外雙溪瀑布正是個好機會，因而今天見董敏與之約定請同來赴涼潭瀑布一遊，這樣不但守淳有伴，也可使董夫人外出開闊一番。

民 55.4.15 涼潭瀑布

天氣助興，不雨天陰無炙人之陽光，理想的旅遊天氣。

董太太三點鐘來，我們於三點半到達涼潭瀑布。董敏甚有見地，說涼潭瀑布周遭景色甚似馬遠南宋小品，別有

意趣，在臺北近郊能有此小小丘壑已甚不錯也。

　　水源有一疊平臺，甚清麗可人，董敏攝數影留念。

　　晚上留董太太在家吃飯且休息，九時半由我叫車並陪董太太回青田街後，自乘公車返家。

李霖燦先生、夫人及董夫人海平女士合攝于內雙溪聖人瀑布

民 62.11.23 外雙溪 南港

　　彥老逝世十周年，一天都在雨聲淅瀝中。

　　上午有台大文學院有紀念性的演講會，我冒雨參加。

　　會場設在文學院的會議室，也就是我上課最長的 24 教室，臨時擺了許多椅子，在壁上懸掛了一張彥老遺像，大家都排排座權作學生一回，文人沒有其他紀念方式，由

甲骨工作室接棒人張秉權兄主講甲骨文的「數」。

紀念會由屈翼鵬兄主持，沈剛老、查良老、陳槃老都最難風雨故人來，芮逸夫先生、高曉梅先生、石璋如先生及劉淵臨先生都到了，還有不少爲彥老的學生，董敏與玉京都以家屬身份在場致謝，我原先因爲見風風雨雨很怕人來的零零落落，結果台大及史語所來的人多，竟然把會議室坐滿了，還有許多人倚牆而立，可見彥老人緣不錯。

人的價值要看長遠一點，有生時轟轟烈烈，去世後默默無聞者。有謝世時平平淡淡，死後益見顯赫者，彥老顯然是屬後者的。我今天深有此感，有這許多老朋友門生來紀念他，彥老可告慰於九泉之下矣！

下午在雨中赴南港，一人撐傘獨往彥老塋前參禮，上山路已修好不虞泥濘，至墳前見花籃排列於雨中，且有鮮花兩束爲劍蘭及菊花，當係親自持來者，將《中國名畫研究》一書拿出，心中心中默禱一番，文人生涯至今仍念在著作，逝者不知以爲如何？

行禮完畢，獨來獨回，尋近道返璋如家。

民 73.04.05 外雙溪

又是到院中去取來了信，又搬回來九冊名人傳記，其餘的時間則爲《麼些研究論文集》畫插圖。連日學校放春假，正是我寫麼些文的大好時節，時人不識餘心樂，將謂偷閒近虛名，豈是真知我者。

　　只為了一種責任在肩，二十年研究麼些文字，到底所知幾何？如今一經結賬，真是所知者百分之一，所不知者百分之九九，還靦顏被稱為專家，我沒有這麼厚臉皮，也沒有這項野心。知之為知之，不知為不知，是知也 — 只是平平招來，我就做了這麼一點點，請原諒我！

　　開始畫麼些文字，真是三日不彈手生荊棘，自笑一旦熟了手，必可把董彥老這篇開場白，《從甲骨看麼些文》的十三幅插圖一氣呵成，麼些文我有把握，甲骨文比葫蘆畫瓢，亦以此紀念恩師，別有一番真情實意不平常也。

　　〈以下略〉

民 73.04.08 外雙溪

　　星期天買菜之外，一心不亂的描插圖亦是別有一番樂趣，一下子雷霆不聞回到在四川李莊日寫麼些經文的書齋生活之中。

　　一天大約可以描三張的樣子，我是笨人，人家可以一看一閱而懂，我則是抄一遍或描一遍才明白，描了這一回才對彥老當日心意略有所知，這篇文章他為我寫了兩遍，一在字典序文中，一在大陸雜誌上，是在北溝寫的，那時他是清點委員，白天工作談天，眾人皆睡後才揮筆為文，它一向是眾人皆睡之後才開始工作，一個人作兩個人用，誰都說他精力過人。

　　描一下彥老遺墨，我對這位老人的智慧益為傾仰，他

真有藝術天才，用毛筆寫麼些文亦能別有風趣，而且不憚煩親自抄繪運筆自如……我如今反其道而行，用原子筆寫甲骨文，自笑語曰：彥老，彥老，如何如何？是不是平分秋色？沒想我的甲骨文一勁之差竟然如此也。

但是我亦盡力而為，千載之下知道不論如何，肯下這種描畫工夫，七十之人不容易，不容易，而且不復有意於名，只是要心中無愧，亦療好名之病之良劑也。

沒想到描起來亦別有一番樂趣，知道了甲骨文造字原理及當日心情，中國人在傳統中對文字有一種尊敬，在我幼年時代還有人專撿字紙到一座「敬惜字紙」爐座中去焚化，說：字是聖人的眼睛，不准賤踏糟蹋，這一點意思，Dr. Joseph Rock 所不知也！所以他到過無量河邊，卻不識 ⋀ 為水頭 ⋙ 為水尾，一河中分兩個方位，字就形成了，中國人對文字之愛好，不足為外人道也。

一天只能抄成三張的樣子，不敢過分用力，恐眼力吃不消也。自笑生平樂趣在看畫，沒眼睛怎麼行，所以工作一幅，一定出外看看山水作調劑。

而且也以一個半鐘頭時間上了山，如今榕果已熟，群鳥來集，人臥綠黃之下鳥雀不知，飛鳥啄食，上下穿林翻飛，真是與鳥獸同樂，此正大同世界是也。拭拂青苔與鳥雀遊，不亦樂乎？

　　<u>在中</u>按：日記中有關董先生的部分暫止於此，因為民
　　　　國七十三年以後的日記尚未開始整理

古　今　萬　象

── 讀《萬象甲骨文詩畫集》

瞿海源

董作賓(1895-1963) 是「甲骨文發掘和研究的一代宗師」。為了紀念董作賓逝世五十周年，中央研究院歷史文物陳列館將從 2013 年 11 月 23 日起舉辦「鑿破鴻蒙」特展，「見證董先生的學術成就和藝術造詣」。

　　董敏是董作賓的三子，著名的人文攝影家，在 2012 年編輯出版「萬象 ── 甲骨文詩畫集」增訂五版，全書在紀念董作賓同時也記錄了董敏自己。董作賓探研三千多年前殷商的社會萬象，董敏則主要在用攝影尋索現代社會萬象。父子倆連手探索古今萬象。

　　董敏要我為這版新書寫一篇文章，雖和董敏相交半個

世紀，對董作賓先生所知極爲有限，就陸陸續續看完這本347 頁的大作，大體知道了董作賓先生學術研究歷程及他的學術貢獻和書藝成就。然而董氏父子的學術藝術成就都是專業性的，在相關的專業領域中都是個中楚翹，我也無能寫評論，就算是寫讀書摘記和心得交卷吧！

全書分四大部分，第一部分「大我永生」記錄董作賓學術貢獻以及他的至友傅斯年等人的偉大事蹟。第二部分「夫子不朽」記錄董作賓殷墟甲骨文發掘及研究實況。第三部分「甲骨詩影」是董作賓甲骨文詩詞和董敏攝影的合輯，第四部分「多黍多稌」則記錄董敏本身，以及董敏和至友李在中緬懷過往，特別是幼少年受諸學者長輩薰陶。

「大我永生」除了記錄董作賓先生的傑出學術貢獻，更記錄董作賓生死至友傅斯年和老師胡適的事跡，尤其是記胡適和傅斯年「寧鳴而死、不默而生」的「死」。

傅斯年在 1950 年 12 月 20日在台灣省議會答覆質詢最後講「對於那些資質好、肯用功的學生，僅僅因爲沒有錢而不能就學的青年，我們是萬分同情的，我

不能把他們摒棄於校門之外」，由於過度激憤，引發腦溢血，在議場倒下，當晚去世。本書特別轉載這段傅斯年之死，顯有深意。董作賓為這位一生「廉立之交」的至友寫了四言四十句一百六十字的甲骨文祭悼文，文中強調「萬言絕筆，見公苦心。百年樹立，猶盡鴻深」，實指傅斯年校長在猝死前兩天，寫完為董作賓主編的大陸雜誌兩萬字「中國學校制度之批評」專文，「用盡心血，寫完他對於將來改進教育極重要的意見」（編者董作賓文前記）。董敏特地在本書中全文刊載傅斯年這篇死前兩天完成教育改革萬言書。在書中三次提到傅校長寫這篇教育改革的長文竟然要拿稿費請夫人買棉布棉花做一條棉褲保暖禦寒。堂堂台大校長卻要為保暖棉褲寒夜寫稿，教改專文竟又成絕筆，令人悲憤莫名。

　　董作賓、董敏還有李在中（董作賓老友李霖燦之子，董敏至友）都推崇傅斯年校長這篇教改長文，我就仔細讀過。全文對國內教育的過渡性、游民性，以及過度強調資格又有階級差異，乃至教育的幻想性質有深刻的批判，對移殖自西方而未能調適好的現代學校體制也有澈底的批判和建議。在最後，傅斯年更根據自己主持北大和台大的經驗提出相對與均衡，強調教育必須調和計畫教育與自由發展、調和理想與現實、傳統與改革、技能與通材。雖然全文寫於六十三前，對台灣乃至中國教育的改革仍有啓發和參考的價值。

　　胡適是董作賓在北大唸書時的老師，胡適過世，董作

賓以甲骨文書「大我永生」四字敬輓老師，在本書中將這幅字搭配胡適銅像及老鴉一詩，再加嚴一萍甲骨文書寫輓詞九字六行，以爲紀念。在大我永生後記最後董敏強調傅斯年和胡適都是「爲大我寧鳴而死，不爲小我之生所沈默不語」。在本書第四部分，董敏提到從事攝影工作，有兩次「按不下快門的痛苦經驗」，其中一次就是在兩三步的距離拿著相機準備拍攝胡適與吳健雄院士合照，胡適突然倒下，董敏當時可立即接下快門照下「胡先生最後一張獨家照片」但他認爲那是「趁人之危，對有先生是不敬，是卑鄙的」就「收起了相機沒有照」。董敏沒照胡適最後一張照片，倒是記錄了胡適在酒會上，因吳大猷義憤填胸駁斥當時圍剿胡適，胡適即席「爲自己的思想言論辯解，一口氣講了四十分鐘」，終至心臟病發而倒下。董敏覺得胡適倒下頭碰到桌子發出兩聲巨響，似「寧鳴而生，不默而生」！全書記錄記念胡適的文字很少，但在董敏心中胡適的份量確是非常重。

在本書的第二部分，夫子不朽，匯集了董作賓本人以及甲骨文學者敘述當年挖掘殷墟甲骨的經過以及論述甲骨文在中文文字關鍵的歷史意義。對於 1928 至 1937 年十年間董作賓主持及參與安陽考古挖掘工作，以及董作賓本人在甲骨文及殷商歷史文化的研究所做出的重大貢獻。殷墟考古在學術與文化上有巨大貢獻，有許多文獻都表彰過，董敏選了幾篇記述董作賓主持或參與十五次安陽發掘工作的長文。文章記述挖掘出埋藏地下三千多年記錄遠古

社會萬象的甲骨的歷程。

在安陽挖掘甲骨其實在開始並不順利，當地居民乃至河南省政府「總以為中央研究院所派的人，與一般的古董販子一樣，只是發掘『寶貝』而已」。殷墟發掘團第三次安陽發掘工作進行了兩個星期就停止了。當時史語所所長傅斯年感到事態嚴重，就請中央研究院蔡元培院長去向政府呈述殷墟考古挖掘的重要性，另一方面傅斯年親自前往開封爭取河南省教育界領導階層對考古及古史研究的支持。

中央研究院於 1928 年 6 月 9 日正式成立，歷史語言研究所就在同年 10 月 13 日至 30 日由董作賓主持進行第一次發掘安陽殷墟甲骨文，當時董作賓 34 歲。在中央研究院蔡元培院長和史語所傅斯年所長鼎力支持下，實際田野工作則由董作賓及郭寶鈞主持，參與挖掘工作的學者十多人，再加上在當地招訓的挖掘工人。70 多年前這個草創的現代考古隊艱苦發掘出了中華古國的瑰寶，復建了三千年以前的信史。

董作賓先生對甲骨乃至殷商古史研究的貢獻早受肯定，在本書中，特別強調「武丁十甲」和「殷曆譜」的傑出成就。

1942 年在重慶第三次全國美展時，董作賓先生根據安陽小屯第十三次發掘所得兩萬五千片甲骨中，選出了殷商 273 年中的五十版為範本，以其中十版「殷王武丁時期的甲骨文字」為主題寫了四幅長條幅參展，稱為「武丁

十甲」。把武丁時期有關甲骨卜辭的格式、刻法、材料、用途等等做了一次綜合整理與說明。因此「武丁十甲」不論在學術上或藝術上都有非常高的價值。董作賓先生打算把五十版全部摹出並詳加說明「以示殷代文字在二百七十三年間演變的實況」，可惜一直未能完成。

武丁十甲分別敘介商王武丁時期的大龜腹甲、卜辭、記事、書藝、書法、曆法、文例、 背甲、史實和契刻。董作賓親自摹繪龜甲及甲骨古文，並加評語如評第五甲「其文字柔和圓潤別具風格筆墨中塗飾硃墨極爲美觀」。第一甲到第四甲文字都很小，或文字很少，但第五和第八甲字比較大，尤其是第八甲雖是殘片，契刻的文字就非常美。所以甲骨文的契刻和書寫就是一種藝術，也就是董作賓這武丁十甲在 62 年前是在全國美展展出。董作賓敘介武丁十甲的全文在 1940 年代末經哈佛大學楊聯陞教授譯爲英文。在本書中以中英文並列方式刊出。史語所「鑿破鴻蒙」特展也將展出這四幅七十一年前在重慶展過的「武丁十甲」。

董作賓 1943 年起在四川南溪李庄板栗坳極端艱苦的條件下撰寫「殷曆譜」，歷時 20 個月，手著 70 萬字，於 1945 年石印刊行，陳寅恪盛讚此書爲抗戰八年第一部書。殷曆譜是一部記載殷商時代時與事的關係的書，「曆」是指時間，「譜」是指事件。董作賓是以上萬片甲骨文所記錄的殷商天象來計算出曆法，再以甲骨文卜辭辨清史實。全書涉及禮制、世系、征戰、氣象、交通、社會

習俗、宗教信仰、科學技能等等。胡適爲這部書寫了一幅字「彥堂這部書真可以是做到了大膽的假設，小心的求證的境界，佩服。」

本書第四部分，「多黍多稌」，22 篇長短不一的文章，約有一半是董敏自勵自述的告白，有三篇是李在中憶述和董敏有關的散文，還有三篇董敏長輩書寫給董敏的字，有三篇評析董敏作品的專文、最後這三篇和甲骨詩影篇裡兩章評論董敏攝影的文章應該是同一類的。

初看這些文章看起來有些雜，好像沒什麼重點，但全面讀了之後，細細再想想，大體可以感受到這一部分主要在表達兩個意思。一是董敏自少年就立志要貢獻人類社會，大學時又訂下 Y（智慧）V（健身）A（做人）計畫，及至入社會，持續力行人文攝影藝術的追求與推廣。另一個重要意思則是身爲知名重要人文學者的第二代，長輩自他們年幼的勗勉，影響終身。其實這一篇名爲多黍多稌不只是企求豐年收成好，更是李在中說的而董敏非常同意的「就是期待我們下一代，不僅是人才濟濟，而且個個都能有成，那就是個偉大的豐收季節了」。

萬象在 1975 年二版的主要內容就是「甲骨文詩畫集」，在這一版是全書四大部分之一，這是結合了董作賓的甲骨文書法和董敏的攝影藝術的「詩」「影」集粹。初初翻閱，覺得書寫詩詞的朱色甲骨文字字像畫又有古拙素樸之美，山水人物攝影每一張都是光影藝術的傑作，可是一幅字對一張影像似也無緊密契合乃至關聯。一遍一遍再

審閱觀賞，終於看出了董敏結合他父親的甲骨文書法和自己攝影的深意。先是有幾幅相對應的字影。例如第一對，董敏拍出古意的甲骨，董作賓用甲骨文寫七言古詩，在詩文中，董老夫子「考龜年」「有史前」「自君傳」到最後「正逢國學沉埋日，復古惟祈逮眾賢」，眼前三千年前的龜甲上契刻的字透過老夫子說話了。看著董敏攝住了如玉的龜甲上的古字，董作賓真誠的復建古文化的朱紅色甲骨文詩文，正顯現董氏父子聯手苦心的創作。

第二對小杏初爭春處的小詩對著日月潭湖畔的梅花，雖不是杏花，倒是直接對上，只是董敏選出一個「教」的甲骨文字，所附楷書印出的詩文中卻無「教」字，原來把原詩的「又教東風約束」寫成了「又叫」，董作賓明明寫「教」，小子不當心竟印成了「叫」。這也是本書編印上許多小誤失之一。

第八對吉日逢三月有女正游春的詩對岡山月世界湖邊少女，詩影相配，不過董老夫子寫的這幅字蒼勁有力，每個字都像是古印篆刻一般，和月世界惡地奇景匹配，卻和有女遊春不太搭調。

接下來董敏十幾幅攝影都和水有關，有的和甲骨文詩搭調，如「漁」「浸」「水月」「海」「涉」「風」（董敏在甲骨文詩中錄出一兩字，標示與攝影相搭，這些字像是詩影作品的標題放在甲骨文詩的右上或左上角，字放得大大的，顯得每個字都很古樸雋美）。其中的「浸」搭配一條湍急的小瀑布切入巨石而下，「水月」則在岩石圍住

的一潭靜水中有一似彎月的白石，「風」則配上一幅「風吹水」的海面還是湖面景象，原詩有「惟有風吹水依舊」一句。另有一幅則海邊沙灘「涉」丁步。最後，附了好多張北美尼加拉和南美伊瓜蘇瀑布奔騰壯觀景象，並無甲骨詩文搭配，似無以名狀，。

　　在後半甲骨詩影集中，用「疑」登天、「高山白雲」「霾」的甲骨文字來描繪雲霧中的大塔山、日月潭青龍山和雪山雲霾中孤挺的老香柏。在穿插幾張「老」人圖像後，再用「國」步方艱來引介王永慶、李國鼎等貢獻於臺灣經建的人物掠影，以「歸依大士入『靈』巒」「太上立『德』」來帶上幾幅佛、僧影像，在遠「望」高山後又來「觀」綠繡眼、白頭翁哺育、豬母與子。此時大約董敏看到雛鳥豬仔想到自己的「子」孫和家「室」，就編入了自己「子」孫和居「室」的影像。董敏以「爲大『我』不爲小我」（廣而高的石階上渺小的三個小孩往上爬）、「允文允『武』（軍人持槍指日）、『一德同風、教行天下，秉禮受服、及于子孫』（董父伏案著書）爲假終止式。

　　最後以董作賓與老攝影藝術家郎靜山相聚探究中華古文明有關光影的記錄，董作賓找出漢金文錄中『見日之光』『常樂未央』爲喻，董老夫子以漢鏡文和甲骨文體寫了兩幅字爲靜山老哥壽。2011 年董敏在自家後院晒衣場上，拍得一幅「見日之光」的作品。晾在晒衣桿上的衣服在地上的影子竟然像是水墨古文字，且「墨分五色」！

　　在本書第三部分有兩篇，在第四部分有三篇文章評論

董敏的攝影藝術，都高度肯定董敏的攝影藝術成就。莊靈文章的標題就直指董敏人文攝影的核心特質：用觀察和了解來表現生命。馬國光指出董敏的攝影作品「追求完美吃盡苦頭」「樸實剛毅依熟故我」「天地悠悠刻意求美」「追求理想反覆檢討」「攝影人生無限開闊」

　　民國 55 年 5 月 25 日，台大國樂社社友茅聲燾和我創辦視聽研究社，在台大校園推動藝術欣賞知識傳布，約請董敏先生擔任指導老師。董先生開始有系統播映他攝製的彩色幻燈片，內容包括山林風景人物以及故宮珍藏，同時配古典音樂，吸引許多同學來欣賞。董先生更免費翻拍重要畫家名畫，請吳翰書作系列演講，講梵谷、高更、莫奈、夏格爾、莫第格尼安尼…，又請傅申等講中國畫，也請劉其偉講吳哥窟藝術。視聽社也在文學院前播送貝多芬田園交響曲，在森林館舉辦正式音樂會。董敏都盡量提供他的視聽器材，甚至僱車把家裡鋼琴搬來。為推廣藝術與知識。

　　最後，在書中，刊出董作賓寫的「一日一生」和胡適寫的「不作無益事，一日當三日，人活五十年，我活百五十」。董作賓和董敏父子正是一日一生，一日當三日用，才探得古今萬象，增進人們知識和美的感動。

瞿海源簡介

台大心理學學士、碩士，美國印第安那大學社會學博士。中央研究院社會學研究所籌備處主任、所長，國立台灣大學社會學系教授，專研台灣宗教變遷、社會心理學、與社會變遷。出版專書有社會心理學新論、宗教、術數與社會變遷、社會及行爲科學研究法、台灣的社會問題等。

在大學時代擔任過國樂社社長，創辦視聽研究社擔任社長。曾任澄社社長，中研新村社區發展協會理事長，現任民間司法改革基金會董事長，台灣廢除死刑推動聯盟理事長、中央研究院合唱團團長，四分溪合唱團團長。

《附錄一》

淒風苦雨葬斯人

── 記董彥堂恩師之喪

李霖燦

　　氣象台廣播說，五十二年十二月一日的這一天，全台灣都在淒風苦雨之中。我由彥堂師的墓下來，萬念俱灰。人生終點，新壙一穴，我今日已看得真切：董先生如此，我們亦必如此，彥老不再歸來，但是我們終將會向那邊走去。世態浮雲，到此更何足論？──「生，吾順事，歿，吾寧也。」我默禱著：唯願逝者得真安息，人間更多和平！

　　大家都推測到天氣如此惡劣，來弔者必甚寥落，結果私人來弔者及團體來弔者之多，數字遠超出預料之多。大家都在靈堂前感嘆唏噓，痛喪斯人！聚談到彥老生前古道熱腸、和藹近人之處，似乎人與人之間距離突然接近，宇內氣氛亦復更增溫暖和煦。我想正是由於彥老這點溫暖拂人，所以大家才不計風雨前來相送，而且一大半都於風雨中臨穴佇立不去。看大家眷戀之深，感傷之戚，我益發感

覺到彥老成就之大和我們損失之鉅。 —— 我國學者，似大程夫子春風化人者少，近小程夫子謹嚴方正者多，看近日士林風尚，各專門造詣，比美彥老者，頗不乏人，然提攜後進春風典型者日益見少，在這一典德學風範中，彥老之逝，令人感慨心慟！

彥老之逝，人間又少一自學成功的典型。以一私塾之學生，可云一生未曾受過正規的教育，卻只靠自學不息，竟高高地站在甲骨文字學的頂峯上，令全世界學者拱手稱臣，怎不令人興高山仰止之感？毫無憑藉只靠努力，亦能登峰造極，彥老留給我們多少鼓勵與希望！

李濟之先生說：「只靠自己努力，用中國話到外國講學，經外國學會選爲榮譽會員者，彥老爲我國第一人！」 —— 我深知彥老深夜致學之專，亦悉其著眼之高立志之堅，所以才能一文寫成，士林傾服。甲骨文斷代研究例如此，殷曆譜亦如此，爲一代顯學開拓新疆域，爲我中華上增信史三百年。以一個鎮市間商店小夥計之基礎，竟能在學術上成爲國家最高榮譽地位的中央研究院院士，彥老這項成就，給今日多少失學志士的鼓勵太大了！ —— 來路高機遇好的人，其成功不易躋及，所以亦常常令人望而卻步；但如彥老者，平地成峯，人人都可自勵模仿，這一點重大啓示，惠人無限，功德無量！

海平夫人撫棺泣訴，以彥老一生艱苦爲痛！「這樣苦一輩子有什麼用呢？」 —— 我相信不少學者都爲此言淚下

難禁，這是當代學人的痛點，人人在這裡都有無限痛苦，欲一吐爲快，我們在這裡還是忍擱一時，願對董夫人先略進一些慰藉之意。── 我深知彥老生平，他最得我國儒學中「不改其樂」的真意。人不堪其憂，但他天資高明，磨鍊深邃，早已參透領取到人生另一方面的真「樂」，宗教上的真福樂地，我以爲就是指此。

記得我初識彥老於昆明，那是我國對日抗戰最艱苦的時代，學者們都在岌岌乎不能維持日常生活的邊緣上。第一次在龍頭村那間陋居小樓上拜謁他，他方自外面僕僕歸來，面上卻欣欣然一片忻喜自得之情，說是剛自天文研究所回來，在那裡算對了一次殷代日食的紀錄。彥老由甲骨碎片看到某王某年月日「月有食之」，先自己冥會推算，決定爲何年何月何日何時，儒略週日爲何，然後再請天文所的高先生用天算之法核對合否？結果相勘之下竟然密合無間，從此殷代曆系得一定點。我相信殷曆譜就是由此生芽紮根的！真就是真福樂處！彥老當時的喜悅滿足表情，我終生不忘。像這等的樂趣，彥老生平所得最多，浮世淺薄歡欣，何足與比？

人生是有這等深邃樂境，生活藝術真髓即在於此，我記得當日歸來在日記上寫著：「白讀了六年藝專，生活藝術還得自彥老座前從頭學起！」

彥老對生活藝術的體會實踐，我後來有機會隨時觀摩，日益傾服。舉其愛說笑話之一端爲例，他生有極高的

幽默感，中年時光他所到之處，雋語橫生，每每使大家忍俊不禁，他還裝作平常無事模樣，令人益為笑倒。他因為已經深切看透，所以能洞見矛盾癥結所在，輕筆一點，遂成灑脫，因而樂人自樂，得大和悅！

他又有巧思，記得在四川李莊，他為同濟大學作過一次演講，他手持一段竹桿上臺，先作教鞭使用，等講到曆法譜系數字時他把竹竿一節一節拆下來，三拼兩鬥，竟成為一個小巧的支架，把圖表掛上，異常合適。記得大家都為一座圖架心折，滿座會心燦然！

以甲骨文寫對聯亦是他生活藝術之一端，我一一可以追溯其改進演變的歷史，如今懸掛在各位師友書齋中的都是改良好的成果，其慘澹經營處原曾用過不少苦心。當然，這亦給了他不少的樂趣。此外如他的庭園設計、書齋佈置、插花、信簡，一一都是意趣盎然。我常常說：「塗鴉之技，習之藝專，生活藝術大道，自隨董先生開始。」看到當今習尚之日趨於「俗」，彥老之樂之「雅」，都該好好揭揚。因為年來注意數字金錢者日多，而體會人生真詮「大雅」之士日益凋零，令人惻然心憂不已。

彥老病中，我時自臺中來候，逝世安葬感情萬千，夜宿南港風雨憾窗，益感咽迫不能眠，因想到彥老生平可述者過多，當留於心平能寫之時一一登錄，如今先為拈出其有「社會性」及「永久性」的一部分感念，少抒我鬱結慟哭之情。彥老猶在，他一定喜歡我這樣做的！

《附錄二》

董作賓先生的生活藝術

李霖燦

在昆明近郊的龍頭村中，我第一次謁見了董作賓先生，以後我們都稱他爲彥老。時間是民國二十八年三月二十九日，那時他的身份是甲骨文的權威，我的身份是藝術家。因爲我才從國立藝專畢業，學校從湘西沅陵〈辰州〉搬到昆明，我則和幾位同學，組織一個團體，徒步的通過苗區來到這四季如春的昆明。

彥老很欣賞我在苗人區中所作的速寫，留下了幾張張貼在他的書房中，那時中央研究院歷

史語言所就在龍頭村，學術界的名人也常在這裡集會，彥老逢人便表揚我的鋼筆速寫，滕固先生就是其中之一。

李霖燦先生在步行於黔滇道上時所繪之苗人素描

　　滕固先生是研究藝術史的專家，也是國立藝專的校長，經過彥老的揄揚，他撥了一筆款子派我到滇省西北隅去調查邊疆同胞的藝術，後來我就由此機緣畫了玉龍大雪山和研究了麼些族的象形文字。

　　再遇到彥老時光是民國三十二年，地點是四川南溪李莊，他正在寫《殷曆譜》，我亦正在為中央博物院寫《麼些象形文字字典》，於是我們就常常在一家石印館中見面，因為那裡就只有這一家印書店。後來我為了從張琨先生學語言學，承彥老好意，就上山來住在他的書房之中，一住三個月於是我便更有機會知道彥老生活的藝術的深淵造詣了。

　　正是對日抗戰最堅苦的時刻，彥老的生活仍然十分藝術，不但書齋之中掛滿了甲骨文的對聯，都是彥老親手寫的墨寶，而且有一些朱色燦然，十分好看。

　　用甲骨文寫對聯，以餽贈好友，是彥老樂事之一，他樂此不疲，後來還發明拉對聯的機器，使對聯升降自如他好就格寫字，具見巧思。

　　記得有一次他還慫恿我也寫麼些象形文字贈人，我自知沒有彥老的過人精力，不敢學步邯鄲，一直藏拙到如今。這項決定，方向很對，不然我只怕要案牘勞形應接不暇了。

　　那時候彥老把生活削為兩截，白天辦事，晚上研究。因為當時傅斯年先生常在重慶，彥老代他主持史語所業務，白天一點空閒也沒有。等他回到書房時光，我早已夢

見了周公。從周公那裡回來，彥老才「華燈初上」開始寫文章，還時常對我說：年輕人早睡早起是正常生活。

他這盞「華燈」值得特別地描繪一番，方圓數十里之內，大約也只有他這盞燈是最明的了，因為是煤油燈。還有玻璃罩子，我時常也盡一點擦燈罩的勞動服務。要知道那時大家用的是桐油燈盞，根本不能做工作，傅先生知道彥老的生活習慣，所以特地裡從重慶買來這一套奢華的重裝備，包括亞細亞煤油一桶。於是就成了李莊板栗拗一帶最明亮的一盞明燈了。 —— 為中國上增信史三百年的《殷曆譜》就是在這盞明燈之下寫出來的。

彥老不但把生活安排十分有趣，還把這項樂趣設法分贈給朋友們。由於生活困難，興緻普遍低落，彥老每逢過年過節，都會想出許多新節目來娛樂大眾，而且還自己登臺表演，使大家又有了快樂和生氣。記得一次他表演南陽的彈棉花的弓弦之聲音，李方桂博士趕快用國際音標搶記了下來！

同濟大學請彥老去講殷商史，我隨侍前往，他交給我一把小竹梗子，我不知道是派什麼用處，事到臨頭，他一登臺說法，接過了那一小叢細竹竿，三拼兩湊，一個小小圖表支撐架就站立在講臺上了。而且還真不賴，有模有樣的。聽眾見到了主講人有這麼好的「手工」作業，一旁鼓掌羨慕，所以那次的講演特別成功。

一件意義深長的事情發生了，有一次彥老送我一包東西，我順手撿起一段毛亂的繩子，亂七八糟的綑紮了一下

就挾帶而出。彥老一看，把我叫回屋子裡來，叫我坐在一旁，然後把亂蔴理了一下，分成三綹，多拊成細股，然後把細股在腿上一截一截地搓，最後合成了一根紋理井然的蔴繩，還給我解釋，說：小時光在鄉小從大表兄那兒學來的手藝，還不錯吧？

我面孔上有一點發熱，但心裡卻完全明白了，這是孔夫子所謂的身教，比任何教學法都有實效。我一向毛手毛腳作事粗枝大葉，從此之後我粗糙的心意一動，便想到彥老的撚繩精密功夫，果然比以往差有進境，終生受用不淺！感謝師恩無涯。

如今還去那裡找這樣的老師？記得彥老一生最愛說笑話，在極堅苦的抗戰時刻，他觸事生情，時常有意外之雋語令人解頤。也虧了這種「點鐵成金」的處事妙悟，不但和我們同度時艱，還能令人如坐在春風裡渾忘了世事冰霜。

記得一次，趙鐵寒先生來看望他，那時在表情上他已不太清楚。鐵寒先生去後，大家問他來者是誰，他還小聲小氣地說了一句：「百家姓上第一家」，可知他的幽默感是貫徹始終的，而且終其一生，生活的藝術情調，一直是遊刃有餘。

但是他到香港去了一段時間，人是很顯然地衰老了，他亦有自知之明，領著海平夫人多處去玩，一次從日月潭回來路過台中，守淳和我在家中請他吃滷麵，這是一種河南特殊的飯食，彥老很喜歡吃它。飯後我還同他一道走進

一家照相館合拍了一張相〈見民 45.2.21 日記〉。

六十歲的時光，大家爲他恭作生日，我想到了彥老的風采，真和我在麗江見到的玉龍大雪山一樣，觸景生情，畫了一幅「高山仰止圖」的橫幅作爲拜壽的禮物，他見了十分喜歡，就掛在客廳的迎面處，我報告他這是金沙江沖斷了玉龍雪山的險要去處，景色美到人不能信的高標準，正好拿來向老師祝壽。

李霖燦作「高山仰止圖」為彥堂先生壽

他把這一切都記在心中，不久就告訴我：對聯寫好了，而且寫得很得意，我真的是一頭霧水，不知所指何事，領回來一看，他用甲骨文寫了「才藝多於百泉水，品格高如大雪山」十四個字送我。我怎麼敢當，心中想，後七個字只有彥老可以當之無愧，可惜他未曾身到麗江，我原和彥老有約，要同赴滇西共謁點蒼玉龍大雪山的。

彥老六十五歲時光，中央研究院同人為他出紀念論文集，向我也發出徵函，因為他們知道我和彥老的關係非凡，我得函後遵命唯謹，好好地寫了一篇「中國畫斷代研究例」，大家看了這個題目，都發出會心的微笑，因為這分明是仿彥老的「甲骨文斷代研究例」而作的，那篇文字是彥老的劃時代之作，研究甲骨文的學者沒有人不知道的。

在我寫麼些象形文字字典的時候，彥老自告奮勇為這本字典寫了一篇長序，收在嚴一萍氏為他集的乙篇第四冊上。那裡邊的插圖就是彥老親自描繪的。他不曾受過藝術學院的嚴格

訓練，但是畫起來殷代婦女俑相，還是一點不錯而且維妙維肖的，可見彥老在這方面天賦之高。

昨天在華岡見到彥老的編年影展，心下真是感慨萬千也真的恍如隔世那上面有我的故鄉百泉，彥老曾經往遊，如今我卻歸不得了，曷勝其孺慕之忱；那影冊上面也有我留下幾幅速寫，包括龍頭村和董敏的畫相在內，我幾十年前的舊夢，一時都活動在我眼前。

是我畫的嗎？看一看簽名，時日和筆路，一點也不錯，而且並不像我所想的那麼差勁。我不免有一絲絲悔意，我又何必封畫箱於玉龍白雪中去呢？看看自己的速描功夫，似乎若一直畫到如今，勉勉強強也可以在藝術家群之中，站立有一席之地！

而且，我也原是以藝術家的身份，第一次晉謁彥老於昆明的，只是大家都不知道，我何以那麼容易放棄藝術家的桂冠竟然一點都不躊躇。說穿了，十分簡單，有很大的一項百分比，正是受了彥老的影響。在當初我是以藝術家自居不疑的，但是一旦沐身在彥老春風之中，也深深地為學術研討的樂趣所吸引，所以一旦遇到沖擊，馬上便更改了生涯的方向而改絃更張了。

—— 因為在彥老真刀真槍的生活藝術對比之下，我不再是一個什麼藝術家，而只是一個不及格的藝專學生。在大家的心目中，彥老亦不過是一位學術界的重鎮，那裡知道他在修養上的真價值。甲骨文、麼些文，都不過是學問滄海之一粟，但是人生藝術則涵蓋全體，於後世有無窮功

德，所以特著文以宣揚，發潛德之幽光，使大家都能更進一步，更深一層去瞭解董作賓先生的偉績。

〈七十二年十二月一日彥老逝世二十週年〉

《附件三》

董作賓由香港寫給李霖燦信函（局部）

一件要緊事奉告：

昨天也接到蘇瑩輝的信，言及最近館務繁忙，心緒不寧。希望你同守淳寫信給他夫婦，加以鼓勵勸慰。霖燦可以把美國情形告訴他們，使他們往遠景的前途瞻望，以免消極。此事乞注意設法速辦。（可言由我的信中知了）

我在此尚好，應付環境之外，尚可寫些東西，比臺北為好。血壓不致出毛病，因為看了一個好西醫。孔達生作了主任，代我為他道喜！

專此即頌　近安！黃老先生前代叩安！

董作賓民國四十五年十月廿日

一律要學書展覧：昨天也接到蔣復璁的信，言文物最近

任務繁忙，心緒不寧，拒絕但旦守淳寫作，信他生辰，加以好
（可于由我的朋友中知之）

勵動勉。羅煇的心把美國情形都告訴他們，使他們往遠處的方

連燼絕，以免信極。些事之諉言設法連辦！

納有些高點，應付環境，知……寫些東西，也是此為好，這……

不妨去足淌，因為不～一個好而罷，既達生作了己任，代你為他道喜！

近安！蔣老先生請代叩安！

董作賓 四五二、十八、廿

《附錄四》

董作賓寫給李霖燦信函

霖燦兄：

　　為朱騮公紀念特刊選了你一篇論文，用橡皮印精印，已出廣告，尚未徵得同意，諒之！音字一篇已於上期刊出，薄酬寄到否？念之！

　　課雖結束，積欠書、文、字債累累，頗感狼狽，友人信多未復，必多見怪者。捨下平安！守淳母子想皆安好。黃老先生已好轉否？為念！暑中來臺北否？專此即頌

　　文祺

　　　　　　　　　　　　　　　　　弟 董作賓

國立中央研究院歷史語言研究所

字第　　　號

第　　　號　　頁　　中華民國卅　年六月廿五日

廿七日收到　霖

霖燦兄：

為民族學記念特刊，選了保一萬譯文用綿字

印刷即可，已去廬山，尚未繳稿，日意論之。若字

一萬，已不為多，至蒙酬勞，可吾意也。

譯稿請查禮之書，每字準家二人，紙張都加在

人們手來經，又多已悟者。實去事每字每千字

望安排，薯老兄生之招聘吾為宜。君中來告此吾，

此事可由這裡　弟董作賓　上

電報掛號華文二九八零（歷）

電話二一三九八

所址：南京雞鳴寺路一號